Barbara und Rudolf Henkel

urania

Lichterbögen

Weihnachtliche Laubsägearbeiten

Inhalt

Vorwort

Wenn die Tage kürzer werden und das Weihnachtsfest naht, wird das Zuhause weihnachtlich geschmückt, leckere Kekse werden gebacken und duftender Tee wird zubereitet. Die Zeit der Besinnung und des gemütlichen Zusammenseins mit der Familie beginnt.

Die in diesem Buch vorgestellten Lichterbögen sind genau das Richtige, um eine weihnachtliche Atmosphäre zu schaffen. Gleich, ob Engel-, Nikolaus-, Stern- oder Krippenmotive – die wunderschönen Holzarbeiten passen in jeden Raum, und die Kerzen verbreiten mit ihrem sanften Licht eine angenehm friedvolle Stimmung.

Die ganze Familie kann beim Basteln eines Lichterbogens mitwirken. So kann ein Elternteil schon einmal einen Stern aussägen, damit der Nachwuchs gleich etwas zum Schleifen hat, während ein anderer das ausgewählte Motiv von der Vorlage auf die Holzplatte überträgt.

Haben Sie Spaß beim Basteln im Kreise ihrer Familie und viel Freude mit Ihrem selbst erschaffenen Werk.

Ihre Barbara und Rudolf Henkel

Material und Hilfsmittel

HOLZ

Die Lichterbögen in diesem Buch wurden aus Birkensperrholz gefertigt. Buchensperrholz eignet sich ebenso gut, weicheres Holz, wie z.B. Pappelsperrholz, sollte jedoch nicht verwendet werden, da es an den Kanten und – bei eng aneinander liegenden Schnitten – an der Unterseite ausbrechen kann.

Die Holzplatten sind in Baumärkten erhältlich. Dort können sie auch auf die benötigte Größe zugeschnitten werden. Achten Sie beim Kauf immer auf die Qualität des Holzes. Es sollte auf der Oberfläche keine Risse aufweisen.

LAUBSÄGE

Laubsägen sind in verschiedenen Preisklassen in Baumärkten erhältlich. Achten Sie auf die Verarbeitung der Säge, vor allem bei billigeren Produkten. Lassen Sie sich am besten von einem Fachmann beraten.

Es gibt zwei Arten von Sägeblättern, die jeweils in verschiedenen Stärken angeboten werden. Mit Rundsägeblättern kann man in alle Richtungen sägen, doch ist ihre Schnittfläche sehr rau und muss stärker nachbearbeitet werden. Herkömmliche Laubsägeblätter hinterlassen eine wesentlich glattere Schnittfläche und einen dünneren Sägespalt. Allerdings können sehr schmale Bögen nicht in einem Zug gesägt werden.

DEKUPIERSÄGE

Eine Dekupiersäge ist eine Art elektrische Laubsäge, die ein wesentlich schnelleres Arbeiten ermöglicht. Die Maschine kann problemlos mehrere Zentimeter dicke Holzplatten und – mit den passenden Sägeblättern – sogar Kunststoff oder Metall zusägen. Für das Zuschneiden schmaler Bögen oder Winkel ist sie jedoch ungeeignet.

Im Gegensatz zur Arbeit mit der Laubsäge wird bei der Dekupiersäge das Werkstück auf das Sägeblatt zugeführt und zugeschnitten.

BOHRMASCHINE UND BOHRER

Zum Bohren verwenden Sie am besten eine Akkubohrmaschine; so benötigen Sie keine Steckdose an Ihrem Arbeitsplatz. Diese Bohrmaschine kann auch zum Eindrehen von Schrauben benutzt werden. Passende Bohrer und Schraubeinsätze sind in allen benötigten Stärken erhältlich.

BOHRSCHLEIFER

Mit diesem Gerät können Sie Löcher bohren, die Kanten zugesägter Werkstücke nachschleifen und fräsen. Die Drehzahl ist sehr variabel – 5000 U/Min. bis ca. 25000 U/Min. – und kann je nach gewähltem Werkzeug und Material passend eingestellt werden. Einsatzwerkzeuge werden in großer Zahl und in den unterschiedlichsten Ausführungen angeboten.

SCHWINGSCHLEIFER

Diese Maschine ist einfach zu handhaben und kann zum Schleifen der Holzoberfläche eingesetzt werden. Das Schleifpapier mit der benötigten Körnung wird passend zugeschnitten und in die Maschine eingespannt.

FEILEN

Holzfeilen gibt es in verschiedenen Größen, Formen und unterschiedlicher Rauigkeit. Für das Arbeiten an Lichterbögen eignen sich feine Schlüsselfeilen am besten. Sie werden meist als Set angeboten, in dem unterschiedliche Ausführungen kombiniert sind. Sehr enge, für normale Feilen unzugängliche Stellen können mit diesen Werkzeugen nachbearbeitet werden.

SCHLEIFPAPIER

Bei Schleifpapier ist der Körnungsgrad ausschlaggebend für das Ergebnis. Je höher die Körnung ist, desto glatter wird die Oberfläche. Der Körnungsgrad ist jeweils auf der Rückseite der Schleifbögen angegeben.

Schmale Zwischenräume lassen sich gut mit einem schmalen Streifen abschmirgeln, den Sie mit einer alten Schere zuschneiden können.

ZUBEHÖR

Bei allen im Buch vorgestellten Modellen wurden Schrauben mit einem Durchmesser von 3 mm in verschiedenen Längen verwendet. Zum Vorbohren der Schraubenlöcher sind Bohrer mit einem Durchmesser von 1,5 mm bis 3 mm geeignet.

An der Holzunterseite herausstehende Schraubenköpfchen können Sie versenken, indem Sie z.B. ein Bohrloch mit dem Durchmesser von 3 mm nachträglich mit einem 6-mm-Bohrer leicht anbohren.

Die Steckleuchter, die als Kerzenhalter auf die Lichterbögen aufgeschraubt werden, erhalten Sie in gut sortierten Hobby-Fachgeschäften.

Lichterbogen «Winterwald» Schritt für Schritt

MATERIAL UND WERKZEUG

Birkensperrholzplatte
(8 mm dick, 40 x 25 cm)
Kohlepapier
Kreppband
Bleistift
Zirkel
Bohrmaschine
Bohrer (0,8 mm, 2 mm, 5 mm)
Dekupiersäge, Laubsäge
Schlüsselfeilenset
feines Schleifpapier
7 Steckleuchter (ø 19 mm)
7 Schrauben (3 x 20 mm)
Schraubenzieher

DAS MOTIV ÜBERTRAGEN

Übertragen Sie den Lichterbogen einschließlich der dazugehörigen Sterne (Unterteile der Kerzenhalterungen) und Füßchen vom Vorlagenbogen auf die Sperrholzplatte. Es empfiehlt sich, zunächst die betreffende Seite des Vorlagenbogens zu kopieren und die Kopie zum Übertragen zu verwenden. So bleibt Ihr Vorlagenbogen unbeschädigt und kann immer wieder verwendet werden. Bringen Sie das Motiv immer auf die schönere Seite der Holzplatte auf.

Das Motiv wird mithilfe von Kohlepapier auf das Holz gezeichnet. Hierzu legen Sie das Kohlepapier mit der schwarzen Seite nach unten auf die Sperrholzplatte. Die Vorlage auf das Kohlepapier legen und beides mit Kreppband oder Reißnägeln auf der Unterlage befestigen. Sie sparen sich den langen Schnitt an der Unterseite des Lichterbogens, wenn Sie die Unterkante des Motivs genau an die Holzkante anlegen.

Die Konturen des Motivs mit einem weichen Bleistift oder Kugelschreiber nachziehen. Die beiden Halbkreise des Lichterbogens zeichnen Sie am besten mit einem Zirkel nach. Beim Übertragen der Sterne die Markierungen für die Bohrlöcher nicht vergessen.

LÖCHER BOHREN

Um das Motiv im Innenteil des Lichterbogens aussägen zu können, müssen in die Zwischenräume des Motivs einige Löcher mit der Bohrmaschine gebohrt werden, durch die das Sägeblatt hin-

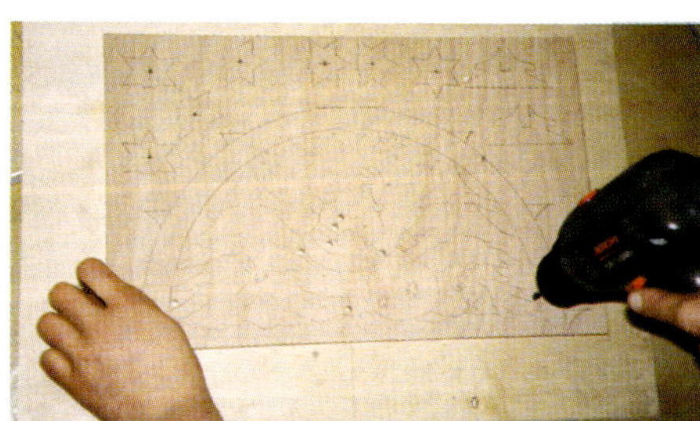

durchgeführt wird. Wenn Sie mit der Dekupiersäge arbeiten, verwenden Sie hierzu einen 5- oder 6-mm-Bohrer, für Laubsägeblättchen reicht ein Lochdurchmesser von 0,8 mm. Für die «Knöpfe» in der Nikolausjacke benutzen Sie einen 5-mm-Bohrer. Die beiden Hasen und die Flicken auf dem Sack müssen mit der Laubsäge umsägt werden, da die Dekupiersäge die schmalen Bögen nicht bewältigen könnte. Bohren Sie hier möglichst feine Löcher vor.

Legen Sie vor dem Bohren ein passendes Stück Abfallholz unter das Werkstück. Damit verhindern Sie, dass das Holz an der Rückseite zu sehr ausfranst. **Achtung:** Je kleiner der Lochdurchmesser, umso höher muss die Drehzahl des Bohrers eingestellt werden. Nur so erhalten Sie glatte Lochränder.

Die Unterseite der Holzplatte wird nach dem Bohren kurz mit feinem Schleifpapier abgeschliffen, um abstehende Holzspäne an den Lochrändern zu entfernen.

SÄGE UND SÄGEBLÄTTER

Der Lichterbogen kann mit einer Laubsäge ausgesägt werden, was allerdings sehr viel Zeit und Kraft in Anspruch nimmt und Übung erfordert. Wesentlich einfacher und schneller lässt sich der Bogen mit einer Dekupiersäge fertigen; diese Säge hinterlässt außerdem feinere und sauberere Schnittkanten, die weniger nachbearbeitet werden müssen. Für schmale Bögen und Winkel muss jedoch in jedem Fall eine Laubsäge verwendet werden.

Wählen Sie möglichst feine Sägeblätter, um einen glatten Schnitt zu erhalten. **Achtung:** Das Sägeblatt wird immer mit nach unten gerichteten Zähnen in die Säge eingespannt und justiert. Es muss gut gespannt sein, damit es die Richtung beim Sägen behält. Setzen Sie vor Beginn Ihrer Arbeit ein neues Sägeblatt ein.

Wenn Sie noch keine Erfahrungen im Umgang mit einer Dekupiersäge haben, sollten Sie erst an einem Stück Abfallholz «probesägen». Sie werden sehen, es ist keine große Kunst, sondern bedarf nur einiger Übung.

DEN LICHTERBOGEN AUSSÄGEN

Zuerst wird der äußere Bogen ausgesägt. Führen Sie die Holzplatte gleichmäßig auf das Sägeblatt zu, niemals ruckartig. Für eine glatte Rundung wird die Holzplatte während des Sägens in die entsprechende Richtung gedreht. Die für die Kerzenhalterungen vorgesehenen Stellen müssen sehr sauber zugesägt werden, damit die aufzubringenden Sterne und Steckleuchter einen guten Stand haben.

Nun sägen Sie die sieben Sterne und die zwei Füßchen aus. **Achtung:** Die Breite der Schlitze in den Füßchen muss entsprechend der Plattendicke genau

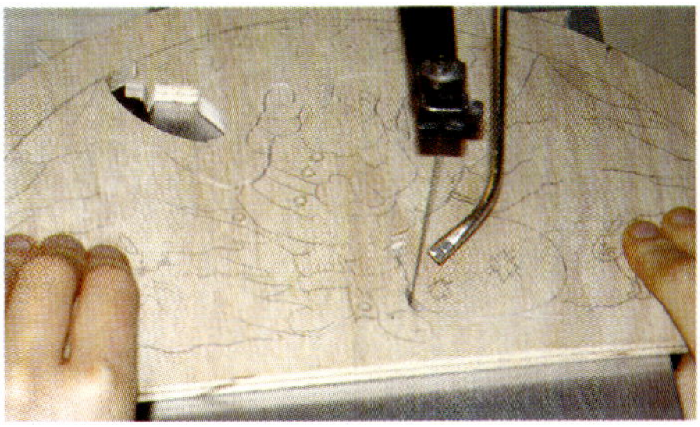

8 mm betragen. Am besten messen Sie noch einmal mit dem Lineal nach.

Ist der Außenbogen gesägt, wird das Innere des Lichterbogens bearbeitet. Lösen Sie dazu zunächst die Spannvorrichtung an Ihrer Säge und entfernen Sie das Sägeblatt. Dann führen Sie das Blatt durch eines der vorgebohrten Löcher. Spannen Sie das Sägeblatt wieder fest ein und schließen Sie die Spannvorrichtung.

Vom Loch aus folgen Sie mit der Säge den vorgezeichneten Konturen des Motivs. Hierbei können Sie nach Belieben die Richtung wählen. Die Hasen und die Flicken auf dem Sack werden mit der Laubsäge umsägt. Bewegen Sie hierbei die Säge gleichmäßig und üben Sie nicht zu großen Druck aus, da das feine Sägeblättchen sonst reißen könnte.

DAS HOLZ SCHLEIFEN

Nun wird die Oberfläche des Lichterbogens abgeschliffen. So wird das Holz geglättet und eventuell noch vorhandene Konturenlinien entfernt.

Das Holz kann mit einem Schwingschleifer abgeschliffen werden. Ist ein Bohrschleifer vorhanden, kann dieser zum Versäubern der Schnittkantenränder benutzt werden. Das Holz lässt

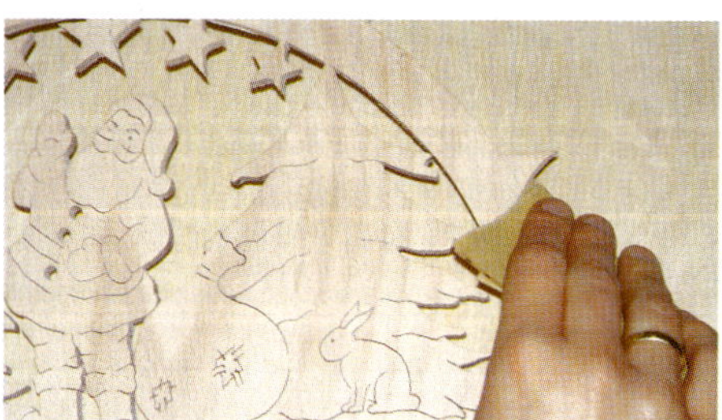

sich jedoch genauso gut per Hand mit Schlüsselfeilen oder feinem Schleifpapier glätten. Für schwerer zugängliche Stellen einen schmalen Streifen vom Schleifpapier abschneiden und damit Sägespäne und Holzstaub entfernen.

DIE STERNE VORBEREITEN

Die Sterne werden in der Weise auf dem Lichterbogen platziert, wie es auf dem Vorlagenbogen dargestellt ist. Wenn Sie jedoch die vorhandene Lücke zwischen Stern und Bogen vermeiden wollen, können Sie den Stern vor dem Anbringen an der entsprechenden Stelle nachfeilen, sodass er der Rundung des Bogens angepasst ist und direkt am Bogenrand anliegt.

DEN LICHTERBOGEN ZUSAMMENBAUEN

Schieben Sie die Füßchen in die dafür vorgesehenen Schlitze des Lichterbogens. Wenn sie sich schwer einfügen lassen, feilen Sie die Schlitze ein wenig nach.

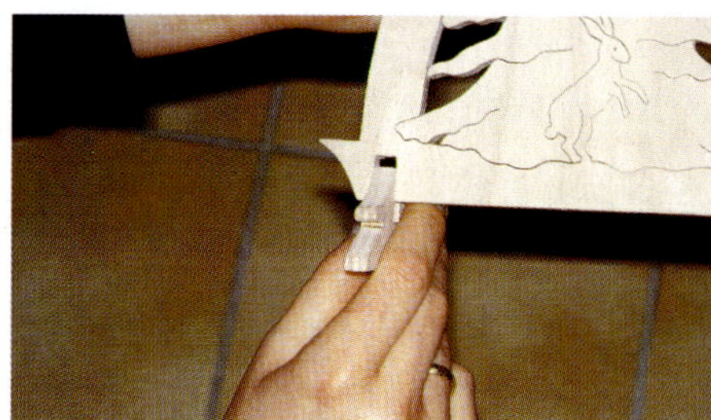

Nun werden die Löcher zum Verschrauben der Sterne und Steckleuchter gebohrt. Hierfür stellen Sie den Lichterbogen auf und setzen die Sterne auf die dafür vorgesehenen Stellen. Bohren Sie

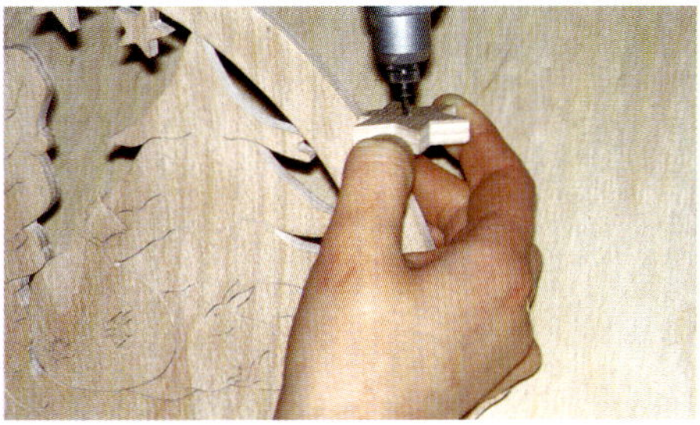

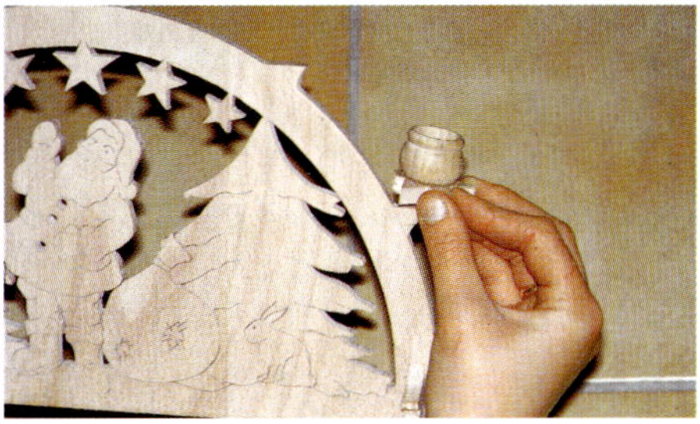

an der Markierung mit einem 2-mm-Bohrer ein Loch durch jeden Stern und etwas weiter in das darunter liegende Holz.

Schrauben Sie den Stern mit einem Steckleuchter auf den Bogen auf.

In dieser Weise befestigen Sie die oberen fünf Sterne und Steckleuchter am Lichterbogen. Die Sterne für die beiden untersten Kerzenhalterungen zunächst an der Unterseite mit Leim bestreichen, etwas antrocknen lassen und dann mit dem Steckleuchter festschrauben. Die zu verklebenden Flächen müssen staubfrei sein.

Ornament-Lichterbogen

MATERIAL UND WERKZEUG

Birkensperrholzplatte
(8 mm dick, 35 x 22 cm)
Kohlepapier, Kreppband
Bleistift, Zirkel
Bohrmaschine
Bohrer (0,8 mm, 2 mm, 5 mm)
Dekupiersäge, Laubsäge
Schlüsselfeilenset
feines Schleifpapier
3 Steckleuchter (ø 19 mm)
3 Schrauben (3 x 20 mm)
Schraubenzieher

Zunächst den Lichterbogen einschließlich der dazugehörigen Füßchen und Kreise mit Kohlepapier auf das Holz übertragen. Die Markierungen für die Bohrlöcher einzeichnen.

Nun ein passendes Stück Abfallholz unter das Werkstück legen und in die Zwischenräume des Motivs mit der Bohrmaschine einige Löcher bohren, durch die das Sägeblatt hindurchgeführt werden kann. Anschließend die Unterseite der Holzplatte kurz mit feinem Schleifpapier abschleifen.

Schneiden Sie den äußeren Bogen, die Füßchen und die Kreise zu. Danach das Muster im Innenteil des Lichterbogens aussägen. Das kleine Dreieck unterhalb der mittleren Kerze wird mit der Laubsäge ausgesägt, die übrigen Sägearbeiten können mit der Dekupiersäge durchgeführt werden. Dann die Kanten mit feinem Schleifpapier glätten.

Schieben Sie die Füßchen in die entsprechenden Schlitze des Lichterbogens. Den Bogen aufstellen und die runden Scheiben auf die dafür vorgesehenen Stellen setzen. Bohren Sie an der Markierung mit einem 2-mm-Bohrer ein Loch durch jede Scheibe und etwas weiter in das darunter liegende Holz. Schrauben Sie die Scheiben mit jeweils einem Steckleuchter auf den Bogen auf.

TIPP

Ist Ihr Lichterbogen instabil geworden, weil Sie den einen oder anderen Schnitt zu nah an eine Kante gesetzt haben? Kein Problem! Mithilfe von Holzleim können Sie dem Bogen wieder mehr Stabilität verleihen. Drücken Sie ein wenig Leim direkt aus der Flaschenöffnung zwischen die Schnittkanten. Überschüssigen Leim mit einem sauberen Tuch abwischen und das Ganze gut trocknen lassen. Da Holzleim nach dem Trocknen transparent ist, wird die geleimte Stelle kaum noch zu sehen sein.

Lichterbogen «Elch»

MATERIAL UND WERKZEUG

Birkensperrholzplatte
(8 mm dick, 35 x 22 cm)
Kohlepapier, Kreppband
Bleistift, Zirkel
Bohrmaschine, Bohrer (0,8 mm, 2 mm, 5 mm)
Dekupiersäge, Laubsäge
Schlüsselfeilenset, feines Schleifpapier
3 Steckleuchter (ø 19 mm), 3 Schrauben (3 x 20 mm)
Schraubenzieher

Übertragen Sie zunächst den Lichterbogen einschließlich der dazugehörigen Füßchen und Sterne mit Kohlepapier auf das Holz. Die Markierungen für die Bohrlöcher einzeichnen.

Ein passendes Stück Abfallholz unter das Werkstück legen. Bohren Sie in die Zwischenräume des Motivs einige Löcher, durch die das Sägeblatt hindurchgeführt werden kann. Bohren Sie mit dem dünnen Bohrer auch die Löcher für die Augen der Tiere. Danach die Unterseite der Holzplatte kurz mit feinem Schleifpapier abschleifen.

Nun schneiden Sie das Innere des Lichterbogens zu. Die schmalen Kurven mit der Laubsäge sägen, die übrigen Schnitte können mit der Dekupiersäge durchgeführt werden.

Anschließend den äußeren Bogen, die Füßchen und die Sterne zuschneiden. Die Schnittkanten mit feinem Schleifpapier glätten.

Achtung: Verwenden Sie zum Schleifen des Geweihs und der Äste eine kleine Rundfeile und üben Sie nur leichten Druck aus, damit das Holz nicht abbricht.

Die Füßchen in die entsprechenden Schlitze des Lichterbogens schieben. Den Bogen aufstellen und die Sterne auf die dafür vorgesehenen Stellen setzen. An der Markierung wird mit einem 2-mm-Bohrer ein Loch durch jeden Stern und etwas weiter in das darunter liegende Holz gebohrt. Die Sterne mit jeweils einem Steckleuchter auf den Bogen aufschrauben.

Lichterbogen «Kerze»

MATERIAL UND WERKZEUG

Birkensperrholzplatte
(8 mm dick, 30 x 18 cm)
Kohlepapier, Kreppband
Bleistift, Zirkel
Bohrmaschine
Bohrer (0,8 mm, 2 mm, 5 mm)
Dekupiersäge, Laubsäge
Schlüsselfeilenset
feines Schleifpapier
5 Steckleuchter (ø 19 mm)
3 Schrauben (3 x 20 mm)
Holzleim, Schraubenzieher

Den Lichterbogen einschließlich der dazugehörigen Füßchen mit Kohlepapier vom Vorlagenbogen auf das Holz übertragen.

Dann ein passendes Stück Abfallholz unter das Werkstück legen und in die Zwischenräume des Motivs mit der Bohrmaschine einige Löcher bohren. Die Unterseite der Holzplatte kurz mit feinem Schleifpapier abschleifen.

Schneiden Sie nun den äußeren Bogen und die Füßchen zu. Achten Sie darauf, an den für die Steckleuchter vorgesehenen Stellen nicht zu dicht an den Rand heranzusägen. Die kleinen Kerzen langsam und vorsichtig aussägen, damit sie auf der Rückseite nicht zu sehr ausfransen. Danach das Innere des Lichterbogens bearbeiten. Sägen Sie zuerst entlang den Konturen der Beeren und den inneren Blattlinien. Anschließend werden die Blätter, die Kerze und der innere Bogenrand ausgeschnitten. Die schmalen Bögen des Motivs mit der Laubsäge sägen, die übrigen Schnitte können mit der Dekupiersäge durchgeführt werden. Die Schnittkanten mit Schleifpapier glätten. Die Ränder der Kerzenflammen ein wenig rund schleifen.

Die Füßchen in die entsprechenden Schlitze des Lichterbogens schieben und den Bogen aufstellen. Die oberen drei Steckleuchter auf den Lichterbogen schrauben. Die beiden übrigen Steckleuchter an der Unterseite mit etwas Holzleim bestreichen, etwas antrocknen lassen und auf die dafür vorgesehenen Stellen setzen.

TIPP

Sie waren so euphorisch beim Sägen, dass Ihnen ein Stück des Lichterbogens herausgefallen ist, das eigentlich nur umsägt werden sollte? Solange es kein allzu großes Stück ist, kann es mit Holzleim wieder eingeklebt werden. Bringen Sie ein wenig Leim auf den Rand des Holzstücks auf. Legen Sie den Bogen auf eine glatte Unterlage und setzen Sie das Stück an der dafür vorgesehenen Stelle wieder ein. Den Leim gut trocknen lassen.

Lichterbogen «Glockenspiel»

MATERIAL UND WERKZEUG

Birkensperrholzplatte
(8 mm dick, 35 x 20 cm)
Kohlepapier, Kreppband
Bleistift, Zirkel
Bohrmaschine
Bohrer (0,8 mm, 2 mm, 5 mm)
Dekupiersäge, Laubsäge
Schlüsselfeilenset
feines Schleifpapier
3 Steckleuchter (ø 19 mm)
3 Schrauben (3 x 20 mm)
Schraubenzieher

Übertragen Sie den Lichterbogen und die dazugehörigen Fükchen und Sterne mit Kohlepapier auf das Holz. Die Markierungen für die Bohrlöcher einzeichnen.

Nun ein passendes Stück Abfallholz unter das Werkstück legen. Bohren Sie in die Zwischenräume des Motivs einige Löcher, durch die das Sägeblatt hindurchgeführt werden kann. Dann schleifen Sie die Unterseite der Holzplatte kurz mit feinem Schleifpapier ab.

Schneiden Sie den äußeren Bogen, die Füßchen und die Sterne zu. Danach das Motiv im Innenteil des Lichterbogens fertigen. Sägen Sie zuerst entlang den inneren Blattlinien. Die Blätter mit etwas Zugabe ausschneiden, danach die Spitzen und Rundungen der Blattkonturen aussägen. Die Glocken und die Schleife ausarbeiten. Zuletzt die Beeren umsägen. Die schmalen Bögen des Motivs werden mit der Laubsäge gesägt, die übrigen Schnitte können mit der Dekupiersäge durchgeführt werden. Die Schnittkanten mit Schleifpapier glätten. Zum Schleifen der Blätter das Schleifpapier zusammenrollen.

Schieben Sie die Füßchen in die entsprechenden Schlitze des Lichterbogens. Den Bogen aufstellen und die Sterne auf die dafür vorgesehenen Stellen setzen. An der Markierung mit einem 2-mm-Bohrer ein Loch durch jeden Stern und etwas weiter in das darunter liegende Holz bohren. Die Sterne mit jeweils einem Steckleuchter auf den Bogen aufschrauben.

Lichterbogen «Nackter Engel»

MATERIAL UND WERKZEUG

Birkensperrholzplatte
(8 mm dick, 35 x 20 cm)
Kohlepapier, Kreppband
Bleistift, Zirkel
Bohrmaschine
Bohrer (0,8 mm, 2 mm, 5 mm)
Dekupiersäge, Laubsäge
Schlüsselfeilenset
feines Schleifpapier
3 Steckleuchter (ø 19 mm)
3 Schrauben (3 x 20 mm)
Schraubenzieher

Den Lichterbogen einschließlich der dazugehörigen Füßchen und Sterne mit Kohlepapier auf das Holz übertragen. Zeichnen Sie die Markierungen für die Bohrlöcher ein.

Ein passendes Stück Abfallholz unter das Werkstück legen. In die Zwischenräume des Motivs mit der Bohrmaschine einige Löcher bohren, durch die das Sägeblatt hindurchgeführt werden kann. Danach die Unterseite der Holzplatte kurz mit feinem Schleifpapier abschleifen.

Den äußeren Bogen, die Sterne und die Füßchen aussägen. Anschließend das Innere des Lichterbogens zuschneiden. Sägen Sie die schmalen Bögen und Winkel mit der Laubsäge, die übrigen Schnitte können Sie mit der Dekupiersäge durchführen. Die Schnittkanten werden mit feinem Schleifpapier abgeschliffen.

Schieben Sie die Füßchen in die entsprechenden Schlitze des Lichterbogens. Stellen Sie den Bogen auf und platzieren Sie die Sterne auf den dafür vorgesehenen Stellen. An der Markierung mit einem 2-mm-Bohrer ein Loch durch jeden Stern und etwas weiter in das darunter liegende Holz bohren. Die Sterne mit jeweils einem Steckleuchter auf den Bogen aufschrauben.

TIPP

Sie haben das Loch für Ihren Steckleuchter zu tief gebohrt, sodass an der Unterseite des Lichterbogens nun ein unschönes Loch ist? Geben Sie von der Bogenunterseite her etwas Holzleim in das Loch. Schieben sie einen hölzernen Schaschlikspieß mit der Spitze voran hinein, bis er fest verankert ist. Den Leim ein wenig antrocknen lassen, dann den Spieß direkt an der Lochkante absägen. Zuletzt die Stelle mit Schleifpapier glätten.

Lichterbogen «Tiere an der Futterkrippe»

MATERIAL UND WERKZEUG

**Birkensperrholzplatte
(8 mm dick, 50 x 50 cm)
Kohlepapier, Kreppband
Bleistift
Bohrmaschine
Bohrer (0,8 mm, 2 mm, 5 mm)
Dekupiersäge, Laubsäge
Schlüsselfeilenset
feines Schleifpapier
7 Steckleuchter (ø 19 mm)
7 Schrauben (3 x 20 mm)
Schraubenzieher**

Zunächst wird der Lichterbogen einschließlich der Füßchen und Sterne mit Kohlepapier auf das Holz übertragen. Die Markierungen für die Bohrlöcher auf die Sterne einzeichnen.

Anschließend ein passendes Stück Abfallholz unter das Werkstück legen und in die Zwischenräume des Motivs mit der Bohrmaschine einige Löcher bohren, durch die das Sägeblatt hindurchgeführt werden kann. Mit dem dünnen Bohrer auch die Löcher für die Augen der Tiere bohren. Die Unterseite der Holzplatte kurz mit feinem Schleifpapier abschleifen.

Nun das Innere des Lichterbogens fertigen. Schneiden Sie zunächst die Äste, die Geweihe und die kleinen Tiere mit der Laubsäge zu. Danach mit der Dekupiersäge Mond, Wolken, Baum, Hirsche und inneren Bogenrand ausarbeiten.

Den Außenbogen, die Füßchen und die Sterne zuschneiden. Dann alle Kanten mit Schleifpapier glätten. Arbeiten Sie behutsam, damit die feinen Einzelheiten nicht abbrechen.

Die Füßchen in die entsprechenden Schlitze des Lichterbogens schieben. Den Bogen aufstellen und die Sterne auf die dafür vorgesehenen Stellen setzen. An der Markierung mit einem 2-mm-Bohrer ein Loch durch jeden Stern und etwas weiter in das darunter liegende Holz bohren. Schrauben Sie die Sterne mit jeweils einem Steckleuchter auf den Bogen auf.

TIPP

In Ihrer Holzplatte taucht plötzlich ein schmaler Spalt zwischen den verleimten Funierschichten auf? Brechen Sie ein Holzstück ähnlicher Art entzwei. Kleben Sie einen der entstandenen Holzspäne mit etwas Holzleim in den Spalt. Nach dem Trocknen des Leims das herausstehende Ende absägen oder abfeilen.

Lichterbogen «Nikolaus im Einsatz»

MATERIAL UND WERKZEUG

Birkensperrholzplatte (8 mm dick, 50 x 50 cm)
Kohlepapier, Kreppband, Bleistift
Bohrmaschine, Bohrer (0,8 mm, 2 mm, 5 mm)
Dekupiersäge, Laubsäge
Schlüsselfeilenset, feines Schleifpapier
7 Steckleuchter (ø 19 mm), 7 Schrauben (3 x 20 mm)
Schraubenzieher

Übertragen Sie den Lichterbogen und die dazugehörigen Füßchen und Sterne mit Kohlepapier auf das Holz. Die Markierungen für die Bohrlöcher einzeichnen.

Nun ein passendes Stück Abfallholz unter das Werkstück legen und in die Zwischenräume des Motivs mit der Bohrmaschine einige Löcher bohren, durch die das Sägeblatt hindurchgeführt werden kann. Bohren Sie mit dem dünnen Bohrer auch die Löcher für die Tier- und Nikolausaugen. Die Unterseite der Holzplatte mit Schleifpapier abschleifen.

Nun wird das Innere des Lichterbogens bearbeitet. Zunächst die Geweihe, die Sternchen und die Schlittenkufen mit etwas Zugabe mit der Laubsäge zuschneiden, dann die Formen entlang den Konturen aussägen. Der Rest kann mit der Dekupiersäge gefertigt werden.

Anschließend den Außenbogen, die Füßchen und die Sterne zuschneiden. Dann die Schnittkanten mit Schleifpapier glätten. Schleifen Sie die Schlittenkufen sehr behutsam, damit sie nicht abbrechen.

Die Füßchen in die entsprechenden Schlitze des Lichterbogens schieben und den Bogen aufstellen. Die Sterne auf die dafür vorgesehenen Stellen setzen. Bohren Sie an der Markierung mit einem 2-mm-Bohrer ein Loch durch jeden Stern und etwas weiter in das darunter liegende Holz. Schrauben Sie die Sterne mit jeweils einem Steckleuchter auf den Bogen auf.

Kerzenständer «Krippenlandschaft»

MATERIAL UND WERKZEUG

Krippe: Birkensperrholzplatte
(8 mm dick, 38 x 25 cm)
Grundplatte: Birkensperrholzplatte
(8 mm dick, 75 x 35 cm)
Figuren: Birkensperrholzplatte
(8 mm dick, 15 x 100 cm)
Kohlepapier, Kreppband
Bleistift
Bohrmaschine
Bohrer (2 mm, 4 mm, 5 mm)
Dekupiersäge, Laubsäge
Schlüsselfeilenset
feines Schleifpapier
4 Steckleuchter (⌀ 19 mm)
25 Schrauben (3 x 16 mm)
Schraubenzieher, Holzleim
Holzstab (⌀ 4 mm, 28 cm lang)

Der Stall, die Sterne für die Kerzenhalterungen, der Weihnachtsstern, die Figuren und die Grundplatte werden mit Kohlepapier auf das Holz übertragen. Zeichnen Sie auch die Markierungen für die Bohrlöcher ein.

Zunächst den Stall fertigen. Dazu ein passendes Stück Abfallholz unter das Werkstück legen und innerhalb der aufgezeichneten Stallform einige Löcher mit einem Durchmesser von 5 mm bohren. Mit einem 2-mm-Bohrer die Löcher für die Schrauben bohren. Die Unterseite der Holzplatte kurz mit Schleifpapier glätten.

Die äußeren Konturen und die Sterne für die Kerzenhalterungen aussägen. Anschließend das Stallmotiv zuschneiden.

Dann Löcher mit einem Durchmesser von 2 mm zum Verschrauben des Stalls und der Figuren in die Grundplatte bohren. Mit dem 2-mm-Bohrer die Löcher für die Augen der Figuren bohren. Danach die Figuren aussägen. Die schmalen Bögen und Winkel müssen mit der Laubsäge zugeschnitten werden, für die übrigen Konturen kann eine Dekupiersäge verwendet werden. An den Markierungen mit dem 2-mm-Bohrer die Löcher für die Schrauben bohren.

Den Weihnachtsstern entlang den Außenkonturen ausschneiden. Das Loch für den Holzstab bohren und die Linien in den Schweif sägen. Alle Schnittkanten mit feinem Schleifpapier abschleifen. Anschließend die Grundplatte aussägen.

Schrauben Sie den Stall auf die Grundplatte und setzen Sie die Sterne für die Kerzenhalterungen auf die dafür

vorgesehenen Stellen. An der Markierung mit einem 2-mm-Bohrer ein Loch durch jeden Stern und etwas weiter in das darunter liegende Holz bohren. Die Sterne mit jeweils einem Steckleuchter auf den Bogen aufschrauben. Den Holzstab an beiden Enden mit etwas Holzleim bestreichen und den Kleber antrocknen lassen. Dann das eine Ende in das Loch des Weihnachtssterns stecken, das andere im dafür vorgesehenen Loch der Holzplatte befestigen. Zuletzt die Figuren auf die Grundplatte aufschrauben.

Kerzenständer «Sternenregen»

MATERIAL UND WERKZEUG

Grundplatte und Sterne:
Birkensperrholzplatte
(8 mm dick, 35 x 35 cm)
Sternenregen:
Birkensperrholzplatte
(8 mm dick, 15 x 30 cm)
Kohlepapier, Kreppband
Bleistift, Bohrmaschine
Bohrer (0,8 mm, 2 mm,
3 mm, 5 mm)
Dekupiersäge, Laubsäge
Schlüsselfeilenset
feines Schleifpapier
2 Rundhölzer (⌀ 1 cm, 11 cm lang)
Rundholz (⌀ 1 cm, 27 cm lang)
2 Rundhölzer (⌀ 1 cm, 19 cm lang)
7 Schrauben (3 x 16 mm)
5 Schrauben (3 x 25 mm)
Schraubenzieher
5 Steckleuchter (⌀ 19 mm)

Übertragen Sie den Sternenregen, den großen Stern für die Grundplatte und die kleinen Sterne auf das Holz. Die Markierungen für die Bohrlöcher einzeichnen.

Schneiden Sie mit der Dekupiersäge den Stern für die Grundplatte und die Sterne für die Kerzenhalterungen zu. Zum Fertigen des Sternenregens zunächst ein passendes Stück Abfallholz unter die Holzplatte legen. In die Sternzwischenräume mit der Bohrmaschine einige Löcher bohren. Danach Löcher mit einem Durchmesser von 2 mm für die Schrauben bohren. Die Unterseite der Holzplatte mit Schleifpapier abschleifen.

Dann den Sternenregen aussägen. Die kleinen Zwischenräume müssen Sie mit der Laubsäge ausschneiden, für die größeren Zwischenräume und die Außenkonturen eignet sich auch die Dekupiersäge. Alle Schnittkanten abschleifen.

Nun bohren Sie an den markierten Stellen Löcher mit einem Durchmesser von 3 mm in die Grundplatte. In die Enden der Rundhölzer und in die Sterne für die Kerzenhalterungen jeweils mittig ein Loch mit einem Durchmesser von 2 mm bohren. Schleifen Sie alle Lochränder ab.

Legen Sie jeweils einen Stern auf eine Sternenzacke der Grundplatte. Die Bohrlöcher müssen dabei genau übereinander liegen. Schrauben Sie die Sterne mit einer 25 mm langen Schraube von unten her fest. Je ein Rundholz auf die Sterne schrauben. Auf das andere Ende der Rundhölzer einen Stern mit einem Steckleuchter aufschrauben.

Zuletzt den Sternenregen von unten her mit der Grundplatte verschrauben.

Lichtspiel «Kirche»

MATERIAL UND WERKZEUG

Kirchturm und Seitenteile:
Birkensperrholzplatte (8 mm dick, 30 x 40 cm)
Fenster, Dächer, Tür und Treppe:
Birkensperrholzplatte (8 mm dick, 14 x 40 cm)
Kohlepapier, Kreppband, Bleistift
Bohrmaschine, Bohrer (5 mm)
Dekupiersäge, Schlüsselfeilenset
feines Schleifpapier, Holzleim
6 Scharniere (20 x 15 mm) mit passenden Schrauben

Alle Teile der Kirche mit Kohlepapier auf das Holz übertragen. Danach ein passendes Stück Abfallholz unter die Werkstücke legen. In die aufgezeichneten Fenster- und Türöffnungen mit der Bohrmaschine einige Löcher mit einem Durchmesser von 5 mm bohren, durch die das Sägeblatt hindurchgeführt werden kann. Die Unterseite der Holzplatten mit Schleifpapier abschleifen.

Die Teile für die Treppe aussägen, mit Schleifpapier glätten und an jeweils einer Längskante mit etwas Holzleim bestreichen. Den Leim kurz antrocknen lassen und die Stufen zusammenkleben.

Nun die übrigen Teile fertigen. Zunächst den Kirchturm, die Seitenteile, die Dächer, die Tür und die Fenster zuschneiden. Anschließend die Tür und Fensteröffnungen bearbeiten. Alle Schnittkanten mit Schleifpapier glätten. Die Dächer, die Fensterrahmen und die Treppe auf der Rückseite mit Holzleim bestreichen. Den Leim kurz antrocknen lassen und die Teile auf den entsprechenden Stellen platzieren. Das Ganze gut trocknen lassen.

Dann den Kirchturm durch Scharniere mit den Seitenteilen verbinden. Hierzu wird eine Hälfte des jeweiligen Scharniers auf den Kirchturmrand, die andere auf den Rand des entsprechenden Seitenteils aufgeschraubt. Achten Sie darauf, dass die Unterkanten der drei Teile genau übereinstimmen, damit die Kirche nach dem Zusammenbauen gerade auf der Unterlage steht. Wenn die Schrauben für die Scharniere zu lang sind, können Sie mit einer Kombizange gekürzt werden.

Zuletzt werden die Türflügel mit Scharnieren am Kirchturm befestigt. Lässt sich die Tür nicht schließen, können die Schnittkanten mit einer Feile entsprechend nachgefeilt werden.

Laterne «Sonne, Mond und Sterne»

MATERIAL UND WERKZEUG

Seitenteile Sonne und Mond:
2 Birkensperrholzplatten
(8 mm dick, 18 x 16,4 cm)
Seitenteile Sterne:
2 Birkensperrholzplatten
(8 mm dick, 16,4 x 16,4 cm)
Deckel und Boden:
2 Birkensperrholzplatten
(8 mm dick, 18 x 18 cm)
Kohlepapier, Kreppband
Bleistift, Bohrmaschine
Bohrer (2 mm, 3 mm, 5 mm)
Dekupiersäge, Schlüsselfeilenset
feines Schleifpapier
9 Schrauben (3 x 16 mm)
1 Teelichthalter (⌀ 40 mm)
Holzleim, Schraubzwingen

Zunächst die vier Seitenteile der Laterne auf das Holz übertragen. Die Markierungen für die Bohrlöcher einzeichnen.

Dann ein passendes Stück Abfallholz unter die Werkstücke legen. In die Zwischenräume des Motivs einige Löcher mit einem Durchmesser von 5 mm bohren. In die Grundplatte Löcher mit einem Durchmesser von 3 mm für die Schrauben bohren. Unterseite und Kanten aller Teile mit Schleifpapier abschleifen. Nun mit der Dekupiersäge die Motive zusägen und das Oberteil fertigen. Danach alle Schnittkanten mit Schleifpapier glätten.

Das Seitenteil mit dem Sonnenmotiv flach auf die Grundplatte legen, sodass es mit der Unterkante genau an die Bohrlöcher stößt. Die Position für die Löcher entsprechend anzeichnen. Mit dem Mondmotiv ebenso verfahren. An den gekennzeichneten Stellen Löcher mit einem Durchmesser von 2 mm bohren.

Die beiden Teile von unten her mit der Grundplatte verschrauben. Danach in der oben beschriebenen Weise die Lochpositionen in den beiden übrigen Seitenteilen markieren. Die Löcher bohren und die Seitenteile verschrauben.

Bohren Sie ein Loch mit einem Durchmesser von 2 mm in die Mitte des Teelichthalters und schrauben Sie diesen auf die Grundplatte auf. Zum Befestigen des Oberteils bestreichen Sie die oberen Kanten der Laternenseiten mit Holzleim. Den Kleber kurz antrocknen lassen. Dann das Oberteil platzieren und mit Schraubzwingen auf die Seitenteile pressen. Achten Sie darauf, dass das Oberteil Kante auf Kante auf den Seitenteilen aufliegt.

Nach dem Trocknen des Leims die Schraubzwingen abnehmen und Ecken und Kanten der Laterne nachschleifen.

Besonderer Dank gilt unseren hilfsbereiten und geduldigen Vermietern Rufine & Otto Ringelmann, Herrn Mrozinski vom Holzzuschnitt, der Firma Proxxon für das Maschinensponsoring und dem Hagebaumarkt Gemünden für die freundliche Unterstützung.

Bezugsquelle für Maschinen und Werkzeuge von Proxxon in Deutschland:
PROXXON GmbH, Im Spanischen 18–24, 54518 Niersbach

Bibliografische Information der Deutschen Bibliothek
Die Deutsche Bibliothek verzeichnet diese Publikation in der Deutschen Nationalbibliografie; detaillierte bibliografische Daten sind im Internet über http://dnb.ddb.de abrufbar.

Urania Verlag
in der Verlagsgruppe Dornier GmbH
Postfach 80 06 69, 70506 Stuttgart

www.urania-verlag.de
www.verlagsgruppe-dornier.de

Umschlaggestaltung: Behrend & Buchholz, Hamburg
Fotos: Sabine Münch, Barbara und Rudolf Henkel
Modelle: Barbara und Rudolf Henkel
Lektorat: Berliner Buchwerkstatt, Vera Olbricht/Ivana Jokl
Gestaltung & Layout: Berliner Buchwerkstatt, Britta Dieterle
Druck: Grafisches Centrum Cuno GmbH & Co. KG, Calbe
Printed in Germany

ISBN 3-332-01274-6
ISBN 978-3-332-01274-3